Privacidad y Seguridad en Internet para Principiantes

Pasos Simples para Proteger Tu Identidad, Dispositivos y Datos Personales en Línea

Por Joe Correa

Publicado por Live Stronger Faster

Primera Edición

Tabla de Contenido

Introducción

En un mundo cada vez más impulsado por los datos, el concepto de privacidad en línea se ha convertido en algo más que una preferencia: es una necesidad. Cada clic, deslizamiento y comando de voz que realizas forma parte de un perfil digital en crecimiento que se utiliza para dirigirte publicidad, venderte productos, influir en tus decisiones o incluso robarte. Sin embargo, para la mayoría de las personas, la privacidad en línea sigue siendo una idea vaga, a menudo descartada como algo exclusivo para "hackers y expertos en tecnología" o teóricos de conspiración. La realidad es mucho más personal y mucho más urgente.

La privacidad en línea no se trata solo de evitar anuncios. Se trata de proteger tu identidad, tu dinero, tu familia, tu carrera y tu futuro. Los datos que se recopilan sobre ti —muchas veces sin que lo comprendas completamente— se utilizan para influir en tus decisiones, monitorear tu comportamiento y, en algunos casos, controlar resultados en tu vida. Ya sea una contraseña filtrada, un número de tarjeta de crédito expuesto o datos de ubicación rastreados y vendidos, las consecuencias de descuidar la privacidad en línea son muy reales y pueden resultar costosas.

La buena noticia es que no necesitas ser un experto en ciberseguridad para protegerte. Con algunas herramientas clave, hábitos sencillos y una mejor comprensión de cómo se recopilan tus datos, puedes recuperar el control. Este libro es tu guía paso a paso para lograrlo.

Aprenderás a:

Identificar y eliminar los mayores riesgos de privacidad en tu rutina diaria
Fortalecer tus contraseñas y métodos de autenticación
Usar navegadores privados y VPN para proteger tu actividad en internet
Comprender cómo las aplicaciones, las redes sociales y los motores de búsqueda recopilan tus datos
Prevenir el robo de identidad, el phishing y el fraude financiero
Configurar herramientas de comunicación privada para mensajes y correo electrónico
Proteger a tus hijos y a tu familia de la exposición en línea

Cada capítulo ofrece soluciones simples y prácticas basadas en lo que cualquier persona puede hacer hoy mismo. Eliminaremos la jerga técnica, desmentiremos mitos comunes y nos enfocaremos en lo que realmente funciona para el usuario promedio, ya sea que utilices un smartphone, una laptop, una tablet o un televisor inteligente.

Este libro forma parte de la serie más amplia de Cyber Shield Academy, pero está diseñado para ser completamente útil por sí solo. Si eres nuevo en el mundo de la ciberseguridad, estás en el lugar correcto. Si no sabes por dónde empezar, aquí encontrarás una guía clara. Y si ya has tomado algunas medidas de privacidad pero quieres ir más allá, también cubriremos estrategias más avanzadas.

¿Por qué esto es importante ahora? Porque el panorama de la privacidad está cambiando más rápido que nunca. Las leyes evolucionan, la vigilancia aumenta y las empresas tecnológicas encuentran nuevas formas de rastrear tu comportamiento. Desde dispositivos inteligentes para el hogar hasta asistentes de voz con IA y reconocimiento facial en tiendas, tu privacidad está siendo desafiada de maneras que la mayoría de las personas ni siquiera imagina.

Estamos viviendo el mayor cambio en la seguridad personal desde el surgimiento de internet. Así como los cinturones de seguridad se volvieron estándar en los automóviles una vez que las personas comprendieron los riesgos de conducir, las herramientas y hábitos de privacidad en línea deben convertirse en algo estándar en nuestras vidas digitales. Cuanto antes comiences, más seguro estarás.

Este libro no trata de esconderte del mundo. Se trata de navegarlo con inteligencia. Se trata de elegir qué compartir, cuándo compartirlo y con quién —en tus propios términos, no en los de otros.

Así que comencemos tu mejora de privacidad. Pasa la página, presiona reproducir y prepárate para recuperar tu poder en la era digital. Este es tu plan para una navegación más segura, hábitos más sólidos y total tranquilidad en línea.

Capítulo 1: Por Qué la Privacidad en Línea Importa Más que Nunca

Vivimos en una época en la que los datos son más valiosos que el petróleo. Eso no es una metáfora; es una realidad económica. Hoy en día, cada gran empresa tecnológica es, en esencia, una empresa de datos. Desde Google hasta Meta, desde Amazon hasta TikTok, tu información personal está siendo recopilada, analizada, empaquetada y vendida en tiempo real. Y aunque quizá no sientas el impacto de este intercambio de datos todos los días, afecta desde los anuncios que ves hasta los precios que pagas, los trabajos para los que calificas e incluso las noticias a las que estás expuesto.

Pero, ¿por qué deberías preocuparte por la privacidad en línea? ¿No es simplemente el precio de la comodidad en un mundo digital? Después de todo, nos hemos acostumbrado a usar aplicaciones "gratuitas" a cambio de entregar nuestros datos. Ese es el trato, ¿verdad?

El problema es que ese trato "gratuito" es mucho más costoso de lo que la mayoría de las personas imagina. Los datos que entregas se utilizan para:

Crear perfiles de comportamiento detallados sobre ti
Influir en tus opiniones políticas

Controlar qué contenido ves y cuál no
Predecir tu comportamiento futuro y tus compras
Vender tu información a terceros sin tu consentimiento total

Este nivel de vigilancia antes pertenecía al mundo de las películas de espías. Hoy forma parte de tu vida diaria. Tu smartphone rastrea tu ubicación. Tus perfiles en redes sociales analizan tus expresiones faciales. Tu historial de navegación se almacena y se vende. Incluso tus correos electrónicos y mensajes pueden ser analizados por algoritmos para predecir tus estados de ánimo y hábitos.

No solo los anunciantes quieren tus datos. Los ciberdelincuentes también los desean. Con la información adecuada —como tu dirección de correo electrónico, fecha de nacimiento o apellido de soltera de tu madre— pueden abrir tarjetas de crédito a tu nombre, vaciar tus cuentas bancarias o hacerse pasar por ti frente a otras personas. El robo de identidad ya no es algo raro. Es una epidemia global.

Y luego está el costo psicológico. Los estudios muestran que la vigilancia digital constante hace que las personas se sientan más ansiosas, menos creativas y más propensas a autocensurarse. Cuando sabes que te están observando, actúas de manera diferente. La privacidad en línea no se trata solo de proteger tus datos; también se trata de proteger tu libertad para pensar, hablar y explorar sin miedo.

Entonces, ¿cuál es la solución? Todo comienza con la conciencia. No necesitas desconectarte de internet ni vivir fuera del sistema. Simplemente necesitas ser intencional con la forma en que interactúas en línea. Esto incluye:

Leer los permisos de las aplicaciones antes de instalarlas
Usar navegadores y motores de búsqueda enfocados en la privacidad
Actualizar la configuración de privacidad en todas tus redes sociales
Evitar redes Wi-Fi gratuitas que no sean seguras
Utilizar administradores de contraseñas y autenticación de dos factores
Cifrar tus mensajes y correos electrónicos
Pensar dos veces antes de compartir información sensible en línea

Ninguna de estas acciones es extrema. Son simples, realistas e increíblemente efectivas cuando se convierten en parte de tu rutina digital.

La conclusión es esta: la privacidad en línea no se trata de esconderse. Se trata de tener control. Control sobre tus datos.

Control sobre tu tiempo. Control sobre tu identidad y tu futuro. Y en un mundo donde todo está siendo rastreado, el control es el nuevo lujo.

En los siguientes capítulos, exploraremos cada capa de tu vida digital y te mostraremos cómo protegerla de manera clara, práctica y paso a paso.

Ahora, demos vida a esta lección con una historia basada en hechos reales...

Todo comenzó con un restablecimiento de contraseña olvidado. María, una diseñadora gráfica de 38 años que vivía en Atlanta, acababa de terminar una mañana ocupada de trabajo con clientes cuando recibió un correo electrónico que la dejó helada. El asunto decía: "Tu ID de Apple ha sido bloqueado debido a actividad sospechosa". Su corazón se aceleró. No había iniciado sesión esa mañana y no estaba usando su cuenta de Apple en ningún dispositivo nuevo.

Pensando que podría ser spam, revisó los detalles del remitente. Parecía legítimo. El logotipo, el lenguaje e incluso la dirección de respuesta imitaban perfectamente a Apple. Sin pensarlo dos veces, hizo clic en el enlace, ingresó sus credenciales y presionó enviar.

Lo que ocurrió después desmoronó su vida digital.

En cuestión de horas, fue desconectada de todos sus dispositivos Apple. Su teléfono dejó de recibir mensajes de texto. Su MacBook fue bloqueada de forma remota. Y lo peor de todo: su banco detectó dos grandes transacciones no autorizadas realizadas a través de Apple Pay. Perdió acceso a su correo electrónico, a su cuenta de PayPal y a sus redes sociales. Era como si su identidad hubiera desaparecido y quedado en manos de otra persona.

En pánico, María llamó al soporte técnico de Apple. La voz al otro lado confirmó sus peores temores: había sido víctima de phishing. El correo electrónico no era real. Había entregado su ID de Apple y contraseña a un ciberdelincuente, quien inmediatamente utilizó esa información para restablecer todo lo relacionado con esa cuenta. Sus fotos. Sus notas. Sus contactos. Toda su vida digital.

El proceso de recuperación fue lento y doloroso. Tuvo que verificar su identidad con múltiples bancos, reportar el robo a la policía, llamar a las agencias de crédito y explicarles a sus clientes por qué había perdido reuniones y archivos importantes. El impacto emocional fue incluso más fuerte que el financiero. Se sintió violada, avergonzada y profundamente ansiosa. “No pensé que algo así pudiera pasarme”, le dijo a una amiga. “Creí que era cuidadosa”.

María no fue descuidada; estaba desinformada. Como millones de personas, nunca había escuchado hablar sobre los correos electrónicos de phishing. Usaba la misma contraseña en múltiples plataformas. No utilizaba autenticación de dos factores. Y no tenía idea de que sus acciones estaban siendo rastreadas diariamente en línea.

No fue hasta después de este desastre digital que María comenzó a aprender. Empezó a usar un administrador de contraseñas. Instaló una VPN. Cifró sus dispositivos. Activó la autenticación de dos factores para todo. Y lentamente comenzó a reconstruirse.

Su historia no es única. Es una advertencia y una llamada de atención. Las violaciones de privacidad no siempre parecen hackers enmascarados con sudaderas. Se parecen a personas normales haciendo clic en el enlace equivocado o confiando en la aplicación incorrecta. Ocurren en momentos cotidianos: cuando estás distraído, ocupado o simplemente tratando de hacer algo rápidamente.

Pero hay poder en la conciencia. María convirtió su error en motivación. Hoy enseña a otros freelancers cómo mantenerse seguros en línea. Comparte su experiencia abiertamente, esperando que otros no tengan que aprender de la manera difícil.

La lección es clara: la privacidad en línea importa. No mañana. No el próximo mes. Ahora.

Capítulo 2: La Huella Digital que Dejas Atrás

Cada vez que te conectas a internet —ya sea para comprar, desplazarte por redes sociales, leer noticias o consultar el clima— estás dejando una huella digital. Esta huella es una colección de datos que revela silenciosamente quién eres, qué piensas, dónde has estado y qué es probable que hagas después. La mayoría de las personas no se da cuenta de lo detallada que es esta huella ni de cuántas entidades la observan y registran. Tus clics, deslizamientos, términos de búsqueda, ubicaciones, compras, videos que ves, uso de aplicaciones e incluso la velocidad con la que te desplazas por una página contribuyen a tu rastro digital. Y gran parte de esto ocurre en segundo plano, sin tu conocimiento o consentimiento activo.

El concepto de las cookies es una de las primeras migas de pan de tu rastro en línea. Originalmente diseñadas para mejorar la experiencia del usuario —como recordar lo que tienes en tu carrito de compras o mantener tu sesión iniciada— las cookies han evolucionado. Hoy en día, las cookies de terceros son una de las principales herramientas que utilizan los anunciantes para seguirte a través de distintos sitios web, recopilando datos para crear un perfil de comportamiento. Estos perfiles luego se utilizan para publicidad altamente segmentada. ¿Alguna vez buscaste algo en Google y luego viste anuncios relacionados en Facebook o Instagram? Esa es tu huella digital en acción.

Pero las cookies son solo el comienzo. Los sitios web y las aplicaciones móviles utilizan rastreadores, balizas, píxeles y técnicas de huella digital del dispositivo para monitorear lo que haces, incluso si no has iniciado sesión. Por ejemplo, tu teléfono puede enviar datos de ubicación a docenas de empresas mediante aplicaciones que ni siquiera necesitan permisos de GPS. Rastrean a través de señales Bluetooth, redes Wi-Fi y triangulación de direcciones IP. Tu aplicación del clima, una linterna o un juego móvil pueden parecer inofensivos, pero muchas recopilan silenciosamente tu ubicación, contactos y comportamiento de navegación.

Los metadatos —la información sobre tu actividad— son otro componente poco conocido. No se trata de lo que dijiste en un mensaje, sino de a quién se lo enviaste, a qué hora, durante cuánto tiempo y desde qué dispositivo. Los metadatos son increíblemente reveladores. Pueden mapear tus relaciones, rutinas, estados de ánimo y hábitos. Tanto gobiernos como empresas privadas analizan este tipo de información para predecir comportamientos o detectar patrones específicos.

Incluso tu historial de búsquedas contribuye a tu huella digital. Solo Google mantiene registros de lo que buscas, cuándo lo buscas, qué resultados seleccionas, cuánto tiempo permaneces en ellos y qué dispositivo utilizaste. Estos datos crean una imagen de tus intereses, miedos, metas e incluso de tu salud o situación financiera. Y, a menos que hayas cambiado tu configuración, gran parte de esta información se conserva indefinidamente.

Las redes sociales agregan otra capa poderosa. Lo que publicas, das "me gusta", comentas o incluso el contenido sobre el que te detienes queda registrado. Los algoritmos estudian tu interacción para priorizar tu feed, pero también para perfeccionar tu perfil psicológico. Las plataformas conocen tus inclinaciones políticas, creencias religiosas, estado civil, rango de ingresos y más —a veces con mayor precisión que tus amigos más cercanos. E incluso si no utilizas redes sociales, otras personas pueden etiquetarte en fotos o publicaciones, creando lo que se conoce como un "perfil sombra" construido con información proporcionada por otros.

Los dispositivos que utilizas, los navegadores que prefieres y las redes Wi-Fi a las que te conectas también dejan rastros identificables. Esto se conoce como huella digital del dispositivo. Consiste en recopilar información como la resolución de pantalla, versión del navegador, fuentes instaladas, zona horaria y complementos. Esta combinación suele ser única, lo que hace posible rastrearte incluso si borras tus cookies o utilizas modo incógnito.

Los riesgos de dejar una huella digital grande y sin control son serios. Por un lado, te conviertes en un objetivo más fácil para el robo de identidad, estafas y ataques de phishing. Los delincuentes no necesitan tu número de seguro social para hacerse pasar por ti; pueden usar información pública para adivinar contraseñas, responder preguntas de seguridad o enviarte correos fraudulentos personalizados que te engañen para entregar información sensible. Tu rastro de datos también puede ser vendido y revendido por corredores de datos, quienes recopilan información de diversas fuentes, crean perfiles y los comercializan con anunciantes, aseguradoras, agencias de crédito y otras entidades.

Y no olvidemos los efectos psicológicos. Cuando las personas saben que están siendo observadas, suelen autocensurarse. Esto se conoce como el "efecto inhibidor", donde las personas dejan de buscar ciertos temas, expresar opiniones o explorar ideas por miedo a ser juzgadas o monitoreadas. Esta pérdida de libertad es sutil pero dañina: erosiona la creatividad, la curiosidad y la autenticidad.

Afortunadamente, existen medidas que puedes tomar para reducir tu huella digital. Comienza utilizando modos de navegación privada o incógnito, aunque debes saber que tienen limitaciones: no ocultan tu IP ni impiden el rastreo por parte de los sitios web. Cambia a navegadores enfocados en privacidad como Brave o Mozilla Firefox y utiliza motores de búsqueda como DuckDuckGo que no rastrean tus búsquedas. Instala extensiones bloqueadoras de rastreadores como uBlock Origin, Privacy Badger o Ghostery. Usa una VPN para ocultar tu dirección IP y cifrar tu tráfico de internet, especialmente cuando uses redes Wi-Fi públicas.

Revisa los permisos de todas tus aplicaciones. Pregúntate: ¿realmente esta calculadora necesita acceso a mi cámara? Revoca permisos que no sean esenciales. Elimina aplicaciones antiguas que ya no uses y desconfía de las aplicaciones gratuitas que monetizan tus datos. En tu smartphone, desactiva los servicios de ubicación para todas las aplicaciones excepto aquellas que realmente los necesiten, como mapas o servicios de transporte.

Finalmente, toma el control de tus cuentas en línea. Borra regularmente tu historial de navegación y cookies. Cierra sesión cuando no estés utilizando tus cuentas. Ajusta la configuración de privacidad en redes sociales para limitar quién puede ver tus publicaciones y datos. Y regístrate en herramientas de monitoreo de filtraciones de datos como Have I Been Pwned para verificar si tu correo electrónico o contraseñas han sido comprometidos.

Tu huella digital es poderosa, pero puede gestionarse. Como las huellas en la arena, no tiene por qué durar para siempre. Con las herramientas y hábitos adecuados, puedes reducir tu visibilidad, proteger tu identidad y recuperar el control de tu presencia en línea.

¿Quién es Jordan?

Jordan era el tipo de persona que amaba la tecnología. Tenía el teléfono más nuevo cada año, sincronizaba todos los dispositivos inteligentes de su hogar y rara vez salía de una tienda sin escanear un código QR o descargar una aplicación de recompensas. Su vida era fluida: conectada, conveniente y rápida. Pero nunca pensó en lo que sucedía detrás de escena. Eso cambió cuando una entrevista de trabajo transformó todo.

Había solicitado un puesto de marketing digital en una empresa mediana de software. Su currículum era sólido y su experiencia destacada. A la reclutadora le encantó. “Eres un excelente candidato”, le dijo por teléfono. “Solo necesitamos una última ronda de evaluación con nuestro equipo de riesgo y cumplimiento".

Pasó una semana. Luego otra. Jordan hizo seguimiento dos veces. Finalmente, recibió un correo electrónico: "Hemos decidido continuar con otros candidatos. Gracias por tu interés". Sin explicación. Sin comentarios.

Confundido, Jordan escribió a la reclutadora por LinkedIn. Ella dudó, pero finalmente respondió: "Extraoficialmente... parece que algo en tus datos en línea te clasificó como de alto riesgo. No tengo detalles, pero sus sistemas de IA utilizan datos públicos, redes sociales y actividad web para crear perfiles de riesgo. Lo siento".

Se le revolvió el estómago. ¿Qué "datos en línea"? No era un criminal. No publicaba contenido ofensivo. Solo estaba... conectado.

Jordan comenzó a investigar. Se buscó a sí mismo en Google. Su perfil de LinkedIn e Instagram estaban bien: principalmente fotos de viajes y temas laborales. Pero luego encontró un sitio de búsqueda de personas que mostraba su nombre completo, edad, direcciones anteriores e incluso números de teléfono antiguos. Al profundizar, descubrió familiares, donaciones políticas, multas de tránsito e incluso publicaciones antiguas de un blog universitario que ya había olvidado. Parecía un expediente digital: un archivo al que nunca dio consentimiento y cuya existencia desconocía.

Luego llegaron los anuncios. Se dio cuenta de que estaba siendo atacado constantemente con publicidad. Buscó seguro médico una sola vez y recibió llamadas de spam durante semanas. Dio "me gusta" a un artículo sobre criptomonedas en Facebook y comenzó a recibir recomendaciones de grupos financieros extremos. Incluso las recomendaciones de YouTube se habían vuelto extrañas; ni siquiera recordaba haber visto muchos de los videos que ahora aparecían.

Cuanto más investigaba, más comprendía: estaba siendo observado todo el tiempo.

Instaló una extensión del navegador llamada Ghostery. En segundos, descubrió que un solo sitio web tenía más de 40 rastreadores, algunos que nunca había escuchado mencionar. Probó el modo incógnito. Ayudó un poco. Luego descargó Brave, un navegador que bloquea anuncios y rastreadores de forma predeterminada. Se sintió diferente: más silencioso, menos invasivo.

Revisó la configuración de sus aplicaciones. Su app de linterna tenía acceso al micrófono. La aplicación del clima recopilaba ubicación las 24 horas. Su app de notas tenía permiso para acceder a sus contactos. Comenzó a revocar permisos, desinstalar aplicaciones y apagar la ubicación en todo excepto lo esencial. Su teléfono se sintió mucho más privado.

Aún impactado, profundizó más. Investigó cómo las empresas usan la huella digital del dispositivo para rastrear usuarios incluso sin cookies. Cómo los metadatos de sus correos y mensajes podían mapear sus relaciones. Cómo los corredores de datos recolectaban información de fuentes públicas, compras en tiendas y dispositivos inteligentes para crear perfiles y venderlos a anunciantes, aseguradoras y empleadores.

Jordan siempre había creído: "Si no tengo nada que ocultar, no tengo nada que temer". Pero ahora entendía que ese no era el punto. El verdadero tema era el control. O mejor dicho, la falta de él. Toda su vida digital había sido monitoreada, registrada y reutilizada sin permiso y con consecuencias reales.

Se sintió vulnerado.

Pero Jordan no era alguien que permaneciera indefenso. Transformó la experiencia en una misión. Se registró en alertas de privacidad para monitorear sus datos. Comenzó a usar una VPN. Adoptó un servicio de correo electrónico cifrado. Eliminó cuentas antiguas de redes sociales que ya no utilizaba. Incluso escribió a sitios de corredores de datos para solicitar la eliminación de su perfil.

También comenzó a aconsejar a amigos y compañeros de trabajo. "Solo porque algo sea gratis no significa que sea seguro", decía. "Tus datos son el producto". Algunos lo escuchaban con escepticismo, otros con verdadera preocupación. Pero nadie podía negar los resultados cuando Jordan mostraba capturas de pantalla de la cantidad de rastreadores bloqueados en un solo día.

Un amigo le preguntó: "Entonces, ¿vas a desaparecer y vivir fuera del sistema?". Jordan sonrió. "No. Solo ya no dejo la puerta completamente abierta".

Meses después, volvió a postularse a un trabajo, esta vez en una startup que valoraba la privacidad y la ética. Durante la entrevista compartió lo que había aprendido, cómo se protegía y cómo eso cambió su perspectiva sobre el marketing y el comportamiento digital. La entrevistadora quedó impresionada. "Necesitamos más personas que realmente entiendan los riesgos detrás de los datos", comentó.

Jordan consiguió el empleo.

Su historia es un recordatorio de que nuestras huellas digitales son más poderosas de lo que imaginamos. Pueden moldear oportunidades, influir opiniones y exponernos a manipulación o juicios. Pero no son permanentes. Con conciencia y acción, cualquiera puede comenzar a recuperar su privacidad.

Porque, al final, la libertad digital no se trata de desaparecer, sino de elegir qué quieres dejar atrás.

Capítulo 3: Protección de Contraseñas Hecha Simple

Las contraseñas son las puertas de entrada a tu vida digital, y para muchas personas, esas puertas permanecen completamente abiertas. A pesar de las innumerables advertencias sobre amenazas cibernéticas, las contraseñas más utilizadas siguen siendo sorprendentemente débiles: "123456", "password" y "qwerty" continúan entre las opciones más comunes. Peor aún, muchas personas reutilizan la misma contraseña en múltiples sitios, lo que facilita enormemente que los hackers accedan no solo a una cuenta, sino a docenas.

Comprender la protección de contraseñas es una de las formas más simples y poderosas de proteger tu privacidad en línea. Una contraseña fuerte no solo mantiene alejados a curiosos o atacantes inexpertos; también puede prevenir el robo de identidad, el fraude financiero y daños graves a tu reputación. ¿La mejor parte? Crear un sistema sólido de contraseñas no requiere habilidades especiales ni software complicado, solo la mentalidad correcta y algunos hábitos esenciales.

Comencemos con lo básico: ¿qué hace que una contraseña sea fuerte?

Una contraseña segura es larga, única y compleja. Idealmente, debe tener entre 12 y 16 caracteres e incluir una combinación de letras mayúsculas y minúsculas, números y símbolos. Pero la fortaleza por sí sola no es suficiente. El verdadero poder está en la unicidad. Si usas la misma contraseña fuerte en varios sitios, una sola filtración de datos puede comprometerlo todo. Cada cuenta debe tener su propia contraseña fuerte y diferente, especialmente en objetivos de alto valor como correo electrónico, banca y almacenamiento en la nube.

Desafortunadamente, recordar docenas o incluso cientos de contraseñas complejas es poco realista para la mayoría de las personas. Ahí es donde entran los administradores de contraseñas. Herramientas como Bitwarden, 1Password, Dashlane o LastPass almacenan y completan automáticamente tus contraseñas de forma segura. Cifran tu bóveda de información para que ni siquiera la empresa pueda acceder a tus datos. Con un administrador de contraseñas, solo necesitas recordar una contraseña maestra. El resto lo hace el sistema: generar, guardar y completar tus credenciales cuando sea necesario.

Muchos administradores de contraseñas también detectan contraseñas débiles o reutilizadas y te sugieren actualizarlas. Además, pueden almacenar notas, identificaciones personales y tokens de autenticación de dos factores, convirtiéndose en un centro completo para tu seguridad digital.

Hablando de autenticación de dos factores, también conocida como 2FA, esta es una de las capas de protección más importantes que puedes agregar a cualquier cuenta. La autenticación de dos factores requiere verificar tu identidad de dos maneras: normalmente tu contraseña y un código enviado por mensaje de texto, aplicación o correo electrónico. Esta segunda barrera reduce drásticamente la posibilidad de que un hacker ingrese, incluso si logra obtener tu contraseña.

Pero no todos los métodos de 2FA son igual de seguros. Los códigos enviados por SMS son mejores que nada, pero pueden ser interceptados mediante ataques de intercambio de SIM. Una opción más segura es usar aplicaciones autenticadoras como Google Authenticator, Microsoft Authenticator o Authy. Estas aplicaciones generan códigos temporales que cambian cada 30 segundos y funcionan sin conexión, lo que las hace resistentes a ataques basados en redes.

Algunos usuarios prefieren llaves físicas de seguridad como YubiKey o Titan Security Key, que se conectan físicamente a tu computadora o teléfono para verificar tu identidad. Estas llaves son extremadamente difíciles de vulnerar y son ideales para proteger cuentas críticas como banca en línea, billeteras de criptomonedas o correos electrónicos empresariales.

Otro riesgo frecuentemente ignorado es la recuperación de contraseña. Muchas personas utilizan preguntas de seguridad débiles o predecibles, como el apellido de soltera de la madre o el nombre de la primera mascota. Desafortunadamente, esta información suele estar disponible en redes sociales o registros públicos. Si tu sistema de recuperación es débil, puede invalidar incluso la mejor contraseña. Utiliza respuestas poco obvias o incluso respuestas falsas pero memorables, y almacénalas de forma segura.

También debes tener cuidado con los ataques de phishing. Los hackers intentan engañar a los usuarios para que entreguen voluntariamente sus contraseñas mediante páginas falsas que imitan bancos, plataformas de streaming o grandes comercios. Estos sitios pueden parecer casi idénticos a los reales. Un solo error —escribir tu contraseña en el sitio equivocado— puede otorgar acceso total a tu cuenta. Siempre revisa la dirección web, verifica que tenga HTTPS y evita hacer clic en enlaces sospechosos enviados por correo electrónico.

Otro mal hábito es guardar contraseñas en navegadores como Google Chrome o Safari sin cifrado adicional. Aunque es conveniente, estos sistemas integrados no son tan seguros como un administrador especializado y pueden ser vulnerables si tu dispositivo es comprometido. Si decides utilizarlos, asegúrate de que tu dispositivo tenga cifrado fuerte y que la sincronización del navegador esté protegida con autenticación de dos factores.

Para quienes buscan una seguridad aún mayor o manejan información sensible, puedes ir más allá. Considera usar correos electrónicos desechables o alias para registrarte en sitios web, de modo que si una plataforma es comprometida, tu correo principal permanezca protegido. También puedes auditar regularmente tus cuentas, eliminar accesos antiguos y actualizar contraseñas importantes cada 6 a 12 meses.

No olvidemos los dispositivos móviles. Asegúrate de que tu teléfono o tableta estén protegidos con un código de acceso, no solo con reconocimiento facial o huella digital. Aunque los métodos biométricos son cómodos, no son infalibles. En ciertas situaciones legales o en controles fronterizos, podrías ser obligado a usar tu huella o rostro, pero no necesariamente a revelar tu código. Lo ideal es usar ambos sistemas en conjunto.

Finalmente, evita compartir contraseñas por correo electrónico o mensajes de texto. Si necesitas compartir acceso, utiliza servicios cifrados como ProtonMail o funciones seguras integradas en herramientas como 1Password. Y nunca escribas contraseñas en papel a menos que estén guardadas en un lugar físicamente seguro.

La protección de contraseñas no tiene por qué ser complicada. Solo requiere decisiones inteligentes y disposición para cambiar hábitos antiguos. En el próximo capítulo, exploraremos cómo proteger tus dispositivos físicos, porque incluso la mejor higiene digital puede fallar si tu teléfono o laptop caen en manos equivocadas.

Nina, la freelancer

Nina siempre se consideró una persona experta en tecnología. Como redactora freelance, trabajaba completamente en línea, administraba múltiples cuentas de clientes y utilizaba herramientas de productividad constantemente. Su vida digital era rápida, organizada y automatizada. Pero cuando vaciaron su cuenta de PayPal en menos de tres minutos, todo cambió.

Ocurrió una tranquila mañana de jueves. Nina trabajaba desde una cafetería, tomando café mientras respondía correos electrónicos, cuando recibió la primera notificación: un pago de $497 a un nombre que no reconocía. Luego otro. Y otro más. Se paralizó. Su saldo de PayPal había llegado a cero y su cuenta bancaria vinculada estaba en negativo. Su corazón se aceleró. Intentó iniciar sesión, pero su contraseña ya no funcionaba.

Desesperada, llamó al soporte de PayPal. Después de una larga espera, el agente confirmó sus sospechas: alguien había accedido a su cuenta, cambiado la contraseña e iniciado múltiples transferencias. Lo extraño era que no había señales de phishing. No recibió correos sospechosos ni visitó páginas falsas. Fue una intrusión directa.

No tardó en descubrir el punto débil. Nina utilizaba la misma contraseña para PayPal y para varios otros sitios. Uno de esos sitios había sufrido una filtración de datos seis meses antes, un sitio que ni siquiera usaba ya. Sus credenciales filtradas —correo y contraseña— habían terminado en la dark web. A partir de ahí, era cuestión de tiempo antes de que alguien probara esas credenciales en PayPal. Y funcionaron.

Peor aún, no tenía activada la autenticación de dos factores. Toda su vida financiera estaba protegida únicamente por una contraseña reutilizada.

Después de que el banco resolviera el fraude y revirtiera los cargos, Nina tomó una decisión: esto no volvería a suceder.

Comenzó con una auditoría de contraseñas. Hizo una lista de todas las plataformas que utilizaba regularmente: banca, correo, tiendas online, redes sociales, servicios de suscripción y portales de clientes. Luego revisó cuáles tenían contraseñas repetidas o débiles. La lista era más larga de lo que imaginaba. Casi el 70% de sus cuentas utilizaban variaciones de la misma frase: su apodo de infancia con algunos números. A veces añadía un signo de exclamación o cambiaba el último dígito. Creía que era ingenioso. No lo era.

Luego se registró en Bitwarden. Era gratuito para comenzar, fácil de instalar y rápidamente le sugirió reemplazos más seguros. Podía generar contraseñas de 20 caracteres aleatorios, imposibles de adivinar. Con unos pocos clics, actualizó todas sus credenciales y las almacenó en su bóveda cifrada. Ya no necesitaba recordar docenas de contraseñas; solo una maestra.

Pero no se detuvo ahí.

Activó la autenticación de dos factores en todas las cuentas posibles, especialmente en banca, PayPal, Google y almacenamiento en la nube. Utilizó Google Authenticator, que generaba códigos nuevos cada 30 segundos. Al principio parecía complicado, pero pronto se volvió natural. La tranquilidad valía la pena.

También configuró recordatorios para cambiar su contraseña maestra cada seis meses y habilitó bloqueo biométrico en el administrador de contraseñas de su teléfono. Para mayor seguridad, compró una llave física YubiKey. "Si pierdo mi computadora o mi teléfono", pensó, "aún no podrán entrar".

Nina incluso cambió la forma en que respondía preguntas de recuperación. En lugar de respuestas reales —como el nombre de su primera mascota— comenzó a usar frases aleatorias que solo ella recordaría. Las almacenó cifradas dentro del administrador de contraseñas.

Semanas después, ayudó a una colega freelance cuya cuenta de Instagram había sido hackeada. "¿Usas la misma contraseña para varias cosas?", preguntó Nina. Su amiga asintió. "No estás sola", respondió. "Pero déjame mostrarte algo que puede salvarte".

Ya no se trataba solo de seguridad. Se trataba de conciencia. La protección de contraseñas dejó de parecer paranoia tecnológica y se convirtió en la base de su independencia digital. Nina entendió que así como cerraba la puerta de su casa por la noche para proteger su vida física, actualizar una contraseña protegía su vida digital.

Meses después, dio una presentación a un grupo empresarial local titulada "Cerrajería Digital para Emprendedores". Enseñó cómo asegurar cuentas, utilizar administradores de contraseñas y anticiparse a filtraciones de datos. "Esta es la mejora más fácil que puedes hacer en ciberseguridad", dijo. "Y la más importante".

Mirando hacia atrás, vio aquella intrusión no como un fracaso, sino como un punto de inflexión. Fue la llamada de atención que nunca pidió, pero que desesperadamente necesitaba. Hoy sus sistemas son sólidos, su confianza es firme y cada vez que ayuda a alguien a proteger sus puertas digitales, recuerda que la herramienta más poderosa en internet no es una aplicación ni un firewall, sino los buenos hábitos.

Capítulo 4: Protegiendo Tus Dispositivos Personales

Tus dispositivos —smartphones, laptops, tablets e incluso relojes inteligentes— son portales hacia tu vida digital. Guardan tus fotos personales, información bancaria, mensajes, correos electrónicos, accesos a redes sociales y archivos de trabajo. En muchos sentidos, perder el control de un dispositivo es como perder el control de tu identidad. Sin embargo, muchas personas utilizan estas herramientas poderosas sin ninguna protección real.

Asegurar tus dispositivos personales es uno de los pasos más importantes para proteger tu privacidad en línea. Este capítulo se centra en estrategias prácticas para hacer que tus dispositivos físicos y digitales sean más seguros contra robos, hackeos, espionaje y pérdida de datos. Ya sea que utilices iOS, Android, Windows o macOS, los principios son prácticamente los mismos: seguridad en capas, datos cifrados y acceso controlado.

Comencemos con la seguridad física. El paso más básico —y a menudo ignorado— es habilitar una pantalla de bloqueo con código de acceso. Ya sea un PIN, contraseña, huella digital o reconocimiento facial, asegúrate de que nadie pueda acceder a tus dispositivos fácilmente. Evita códigos cortos como "1234" o "0000". Si usas un patrón de desbloqueo, no elijas formas obvias como líneas rectas o letras. Para mejores resultados, utiliza biometría junto con un código de respaldo sólido.

Activa siempre el bloqueo automático. Si te alejas de tu teléfono o computadora, el dispositivo debería bloquearse automáticamente entre 30 segundos y 2 minutos. Esto protege tus datos frente a curiosos o ladrones oportunistas en lugares públicos. En laptops, utiliza protectores de pantalla que requieran contraseña para volver a ingresar.

A continuación, considera el cifrado del dispositivo. La mayoría de los dispositivos modernos incluyen cifrado activado por defecto. El cifrado protege los datos almacenados, de modo que incluso si alguien roba el dispositivo, no podrá acceder al contenido sin la contraseña. En los iPhone, el cifrado se activa automáticamente cuando configuras un código. En Android, suele encontrarse en "Seguridad > Cifrado y credenciales". En laptops, busca funciones como FileVault en macOS o BitLocker en Windows Pro y actívalas si aún no están habilitadas.

Las actualizaciones regulares también son una medida crítica de seguridad. Las actualizaciones del sistema operativo y de aplicaciones suelen incluir correcciones de vulnerabilidades que podrían ser explotadas por hackers. Configura tus dispositivos para actualizarse automáticamente y revisa manualmente al menos una vez al mes. El software desactualizado es como una cerca deteriorada: atractiva para intrusos e ineficaz para mantenerlos fuera.

Utiliza herramientas confiables de antivirus y antimalware, especialmente en dispositivos Windows. Aunque macOS e iOS tienen protecciones integradas, siempre es recomendable agregar capas adicionales. Programas como Malwarebytes, Bitdefender, Norton 360 y Avast Antivirus son opciones populares. Pueden detectar spyware, troyanos y otras amenazas ocultas.

Evita descargar aplicaciones o programas desde fuentes no oficiales. Utiliza únicamente la App Store, Google Play o sitios web oficiales de desarrolladores. Las aplicaciones pirateadas o instaladas fuera de tiendas verificadas suelen incluir spyware o puertas traseras. Si haces root o jailbreak a tu dispositivo, entiende que estás eliminando capas importantes de protección.

Ten cuidado con las vulnerabilidades de Wi-Fi y Bluetooth. Nunca te conectes a una red Wi-Fi pública sin utilizar una VPN. Los hackers pueden interceptar fácilmente tu tráfico mediante herramientas de captura de paquetes, especialmente en redes sin contraseña. Desactiva la conexión automática a redes abiertas y apaga Wi-Fi y Bluetooth cuando no los utilices. Esto no solo mejora la privacidad, sino también la batería.

Los ataques Bluetooth, como Bluejacking o Bluesnarfing, permiten que atacantes cercanos envíen mensajes o accedan a datos sin autorización. Aunque no son comunes, siguen siendo posibles. Si no necesitas Bluetooth, mantenlo apagado, especialmente en espacios públicos.

La seguridad del navegador también importa. Instala navegadores centrados en privacidad como Brave o Mozilla Firefox, y evita utilizar navegadores predeterminados como Google Chrome sin ajustar la configuración. Borra regularmente el historial, bloquea cookies de terceros e instala extensiones como HTTPS Everywhere, uBlock Origin y Privacy Badger para limitar el rastreo.

Controla agresivamente los permisos de tus aplicaciones. Muchas apps solicitan acceso a cámara, micrófono, ubicación, contactos y almacenamiento. La mayoría de las personas simplemente pulsa "Permitir" sin pensar. Revisa regularmente qué permisos tiene cada aplicación y elimina aquellos que no sean necesarios. Una app de edición de fotos no necesita tu micrófono. Una calculadora no debería acceder a tus contactos.

Los altavoces inteligentes, televisores inteligentes y asistentes de voz representan amenazas crecientes para la privacidad. Dispositivos como Amazon Alexa, Google Nest y Apple Siri permanecen escuchando palabras clave constantemente. Aunque afirman que solo graban al activarse, investigaciones han demostrado que existen activaciones accidentales. Revisa la configuración y elimina grabaciones antiguas. Silencia el micrófono cuando no lo necesites.

Activa funciones de localización y borrado remoto. Si pierdes un dispositivo, herramientas como Find My iPhone, Find My Device o "Find My Mac" pueden ayudarte a localizar o borrar la información remotamente. Perder un dispositivo es malo; perder tus datos personales es mucho peor.

Otra capa importante es la copia de seguridad y recuperación. La privacidad no solo consiste en evitar que otros accedan a tus datos; también significa no perderlos. Usa copias de seguridad cifradas en la nube o discos duros externos protegidos. Servicios como iCloud, Google One, Sync.com o Tresorit ofrecen distintos niveles de privacidad.

Finalmente, considera el lado social de la seguridad. Evita prestar tus dispositivos sin supervisión. Incluso amigos o familiares pueden abrir accidentalmente enlaces peligrosos o descargar archivos maliciosos. No dejes tus dispositivos solos en lugares públicos, ni siquiera por un momento. Trata tu teléfono o laptop como tratarías tu billetera: cerca de ti, protegidos y bloqueados.

Tus dispositivos personales son la primera línea de defensa de tu identidad digital. Son tus herramientas, tu memoria, tu conexión y, muchas veces, tu única puerta al mundo en línea. Protegerlos no es opcional. Es esencial.

En el próximo capítulo, exploraremos las redes sociales, donde la privacidad muchas veces desaparece sin que te des cuenta.

Ahora hablemos de la historia de Darren.

Cuando la laptop de Darren desapareció de su mochila en una concurrida cafetería de New York City, pensó que solo se trataba de un robo. Molesto, sí. Inconveniente, claro. Pero no devastador. Después de todo, tenía seguro y una copia de respaldo en casa. O eso creía.

No fue hasta tres días después cuando comprendió lo que realmente había perdido.

El ladrón no solo había robado un dispositivo: había robado acceso a toda su vida. Darren no tenía activado un código de bloqueo. Sus correos electrónicos, almacenamiento en la nube y redes sociales seguían abiertos. No cerraba sesión desde hacía meses. Quien tuviera esa laptop tenía acceso directo a extractos bancarios, contratos, notas de clientes y fotos privadas.

Al principio no ocurrió nada. Pero al quinto día recibió un correo: "Contraseña cambiada exitosamente". Minutos después, sus clientes comenzaron a recibir facturas extrañas. Luego, su cuenta de Instagram empezó a publicar anuncios sospechosos sobre criptomonedas. Ya no podía ingresar para detenerlo. Su correo, PayPal y hasta su Dropbox habían sido secuestrados.

Lo que más le dolió no fue la vergüenza, sino la pérdida de confianza. Un cliente de muchos años le escribió: "¿Es una broma o realmente te hackearon?". Darren se sintió expuesto y poco profesional. Nunca imaginó que el robo de un dispositivo pudiera convertirse en un desastre digital.

Las semanas siguientes fueron un caos de recuperación. Presentó reportes policiales, congeló cuentas bancarias y contactó soporte técnico en cada plataforma. Algunas cuentas nunca se recuperaron. Otras sí, gracias a un detalle importante: había activado autenticación de dos factores en su cuenta principal de Gmail meses atrás.

Ese muro de seguridad evitó daños aún mayores.

Después de todo, Darren tomó una nueva decisión: nunca más trataría la seguridad de dispositivos como algo secundario.

Compró una nueva MacBook y comenzó desde cero. Activó FileVault, habilitó una contraseña alfanumérica de 12 caracteres y configuró el bloqueo automático tras 60 segundos de inactividad. También habilitó la función “Find My” de Apple para rastrear o borrar remotamente el dispositivo.

Luego pasó a su teléfono. Revisó aplicación por aplicación, eliminando permisos innecesarios. Su app de linterna ya no tenía acceso al GPS. Eliminó más de veinte aplicaciones en una sola noche.

Instaló Malwarebytes y Bitdefender, añadió una VPN para trabajar desde cafeterías y aeropuertos, y cambió de Chrome a Brave y Firefox. Los anuncios dejaron de perseguirlo. Su experiencia digital se volvió más limpia.

Incluso revisó su configuración de Alexa. Descubrió grabaciones de conversaciones antiguas. Las eliminó y silenció el micrófono.

Finalmente, creó una rutina mensual: revisar actualizaciones, permisos y realizar auditorías rápidas de privacidad. También configuró respaldos automáticos cifrados. “Perder datos es malo”, le dijo a un amigo, “pero perder el control sobre ellos es peor”.

Semanas después, ayudó a otra freelancer cuyo teléfono fue robado durante un viaje en Lyft. Ella no tenía código de acceso. Darren la ayudó a recuperarse y le explicó: “No te imaginas cuánto riesgo existe cuando tu pantalla está desbloqueada. Es como dejar la puerta de tu casa abierta”.

Mirando hacia atrás, Darren entendió que priorizar la comodidad por encima de la seguridad casi le costó su negocio. Hoy piensa diferente. La protección de dispositivos no es paranoia. Es preparación.

Su nueva frase favorita: “No es solo una laptop. Es mi vida dentro de aluminio.”

Capítulo 5: Cómo Mantener tu Privacidad en las Redes Sociales

Las redes sociales son una de las mayores amenazas para tu privacidad en línea y, de manera irónica, también son el lugar donde las personas tienden a compartir más información. Plataformas como Facebook, Instagram, TikTok, X, LinkedIn y Snapchat están diseñadas para fomentar la interacción rastreando cada clic, desplazamiento y comentario. Lo que publicas, lo que te gusta, a quién sigues, cuánto tiempo permaneces viendo un video e incluso lo que escribes y borras contribuye a tu identidad digital.

El intercambio entre conexión y privacidad es sutil, pero importante. En la superficie, compartes momentos con amigos. Detrás de escena, entregas a las plataformas y anunciantes un mapa detallado de tus hábitos, intereses, rutinas, personalidad, relaciones e incluso tu salud mental.

Entender cómo administrar tu privacidad en redes sociales no significa eliminarlo todo. Significa tomar el control. Con la configuración adecuada, buenos hábitos y límites claros, puedes disfrutar de los beneficios de las redes sociales mientras minimizas los riesgos.

Comienza revisando la visibilidad de tu perfil. Cada plataforma ofrece configuraciones de privacidad que controlan quién puede ver tus publicaciones, fotos, datos personales y lista de amigos. Revísalas cuidadosamente. En Facebook, por ejemplo, configura tu perfil para que solo tus amigos puedan ver tus publicaciones, no el público ni "amigos de amigos". En Instagram y TikTok, considera convertir tu cuenta en privada si no eres figura pública o negocio. En LinkedIn, limita la visibilidad de tu perfil a personas conectadas contigo o personaliza qué puede ver el público.

Evita compartir información personal en tu biografía o publicaciones públicas. Datos como tu fecha completa de nacimiento, número de teléfono, dirección, escuela o lugar de trabajo facilitan que ladrones de identidad reconstruyan tu vida. Incluso detalles aparentemente inocentes —como el nombre de tu mascota o tu banda favorita— pueden usarse para adivinar respuestas de seguridad.

También debes prestar atención a la ubicación. Muchas aplicaciones agregan automáticamente etiquetas geográficas a tus publicaciones. Si compartes constantemente en tiempo real desde tu casa, gimnasio o la escuela de tus hijos, estás entregando un mapa de tu rutina diaria. Desactiva la geolocalización en tu cámara y aplicaciones sociales salvo que realmente la necesites. Si quieres compartir fotos de viajes, espera hasta regresar.

Ten cuidado con el etiquetado y el reconocimiento facial. Plataformas como Facebook e Instagram pueden reconocer rostros y etiquetarte automáticamente, incluso si no subiste la foto. Esto crea una biblioteca no oficial de tu rostro en internet. Entra en configuración y desactiva el etiquetado automático o la función de reconocimiento facial. También revisa y aprueba manualmente etiquetas antes de que aparezcan en tu perfil.

Revisa las aplicaciones conectadas de terceros. Probablemente hayas iniciado sesión en servicios utilizando tu cuenta de Facebook o Google. Aunque es conveniente, estas conexiones suelen tener acceso a tu perfil e incluso a datos de tus contactos. Revoca acceso a aplicaciones que ya no utilices. Es más seguro registrarte con correo electrónico y credenciales separadas.

Haz una auditoría de tu historial de publicaciones. Revisa publicaciones antiguas y pregúntate qué podría descubrir alguien sobre ti. ¿Hablas de tus rutinas, familia, opiniones políticas o finanzas? Algunas plataformas permiten eliminar o archivar publicaciones masivamente. Aprovecha esta opción.

También puedes descargar una copia de tus datos para ver cuánto sabe realmente la plataforma sobre ti.

Ahora hablemos de los mensajes directos. Muchas personas creen que los DMs son completamente privados, pero la mayoría de las plataformas tiene acceso a metadatos e incluso al contenido. Aplicaciones propiedad de Meta, como Facebook Messenger, Instagram DMs y WhatsApp, pueden analizar mensajes con fines de seguridad o publicidad. Para conversaciones verdaderamente privadas, considera plataformas cifradas como Signal, Telegram (solo chats secretos) o ProtonMail para correo electrónico.

Evita abrir enlaces o archivos adjuntos enviados por desconocidos, incluso si parecen venir de amigos. Las redes sociales son terreno fértil para el phishing, donde atacantes secuestran cuentas y envían enlaces maliciosos disfrazados de videos graciosos, sorteos o noticias impactantes.

Limita la cantidad de fotos y videos que subes. Cada imagen contiene metadatos EXIF, que pueden incluir ubicación, hora y dispositivo utilizado. Algunas plataformas eliminan esta información automáticamente, pero otras no. Antes de publicar, considera eliminar esos datos manualmente.

Presta atención a las preferencias publicitarias y rastreo. La mayoría de las plataformas te permite revisar cómo te clasifican para anunciantes. Puedes desactivar anuncios basados en intereses y limitar el uso de tu actividad en otros sitios web.

Recuerda que tus amigos también pueden comprometer tu privacidad. Si alguien te etiqueta, comparte tu historia o publica una foto tuya, esa información puede ser descargada o republicada indefinidamente. Conversa con personas cercanas sobre lo que te resulta cómodo compartir.

Para padres, es especialmente importante evitar el "sharenting", es decir, compartir constantemente fotos e historias de tus hijos. Aunque parezca inocente, estás creando una huella digital antes de que ellos puedan decidir por sí mismos. Existen personas malintencionadas que recopilan fotos de menores para usos indebidos.

Finalmente, comprende que eliminar una cuenta no significa eliminar tus datos. Las empresas de redes sociales suelen conservar información durante meses o años. Antes de cerrar una cuenta, descarga tus datos y revisa cuidadosamente qué permanece almacenado.

Las redes sociales no tienen por qué convertirse en una pesadilla de privacidad. Pero requieren disciplina, conciencia y un enfoque proactivo. La próxima vez que publiques algo, haz una pausa y pregúntate: “¿Compartiría esto si supiera exactamente quién está mirando?” Si la respuesta es no, piénsalo mejor. Si es sí, al menos estarás eligiendo conscientemente.

En el próximo capítulo, exploraremos la navegación privada y los motores de búsqueda: herramientas para navegar por internet sin ser observado constantemente.

Lena y las redes sociales

Lena amaba las redes sociales. Como bloguera de estilo de vida e influencer emergente, eran su escenario, su negocio y su fuente de ingresos. Publicaba diariamente: recetas, selfies del gimnasio, videos de viajes y looks del día. Sus seguidores adoraban su transparencia. Incluso transmitía partes de su día en vivo, respondiendo preguntas mientras hacía compras o recogía a sus hijos de la escuela.

No se consideraba descuidada, solo auténtica. Pero esa autenticidad tuvo un costo.

Todo comenzó con mensajes extraños. Primero, algunos mensajes privados de cuentas anónimas preguntando por los nombres de sus hijos. Luego apareció un comentario: "Bonita rutina de gimnasio. Te vi el martes pasado con la sudadera rosa, ¿verdad?". Al principio se rió. Después recibió un correo de un supuesto fan que mencionaba su calle y la cafetería que visitaba cada lunes.

Ahí fue cuando dejó de sentirse segura.

Un hombre apareció en su gimnasio preguntando por ella. Sabía su nombre, dónde entrenaba y el nombre de su entrenador. Seguridad lo escoltó fuera, pero el miedo permaneció.

Esa noche revisó su perfil. Etiquetas de ubicación, check-ins, rutinas visibles, amigos etiquetados, celebraciones familiares... todo estaba ahí, completamente público.

Había construido un mapa digital de su vida.

A la mañana siguiente abrió la configuración de privacidad de todas sus redes. Quedó impactada. Su Instagram estaba abierto para cualquiera. Facebook mostraba su número de teléfono, fecha de nacimiento y ciudad natal. En TikTok, sus videos guardados y "me gusta" eran públicos. Además, había dado acceso a docenas de aplicaciones externas.

Comenzó a eliminar.

Volvió privada su cuenta de Instagram, quitó información personal y empezó a aprobar etiquetas manualmente. Eliminó seguidores desconocidos. Desactivó la ubicación en fotos y archivó publicaciones relacionadas con la escuela de sus hijos.

En Facebook redujo su perfil a lo básico: nombre, trabajo y foto. Todo lo demás quedó oculto.

También cambió cómo manejaba los mensajes privados. Dejó de aceptar solicitudes de desconocidos y comenzó a usar Signal para conversaciones personales. Publicó un video explicando sus nuevos límites: "Me encanta compartir mi vida con ustedes, pero también necesito protegerla".

Lena no dejó de publicar. Pero cambió la forma de hacerlo. Empezó a usar descripciones más generales y dejó de etiquetar ubicaciones en tiempo real. Compartía fotos de viajes solo después de regresar.

También habló con su esposo e hijos sobre límites. Ya no publicarían fotos familiares sin permiso ni compartirían detalles de su hogar.

Meses después, contó su experiencia en un evento empresarial para mujeres. "Antes pensaba que compartir demasiado significaba conexión", dijo. "Ahora sé que la verdadera conexión comienza con la seguridad".

Recibió una ovación de pie.

Hoy, Lena sigue creciendo en redes sociales, pero con claridad. Su presencia digital es más segura, intencional y respetuosa consigo misma. Su mensaje es simple: no necesitas desaparecer para estar seguro. Solo necesitas dejar de darles a extraños un mapa hacia tu vida.

Capítulo 6: Navegación Privada y Motores de Búsqueda Privados

Cada vez que abres un navegador y buscas algo —ya sea una pregunta de salud, una herramienta financiera o el mejor restaurante tailandés de tu vecindario— estás dejando un rastro. Ese rastro incluye tus términos de búsqueda, historial de navegación, ubicación, tipo de dispositivo, tiempo que pasas en páginas y mucho más. Estos datos se recopilan, analizan y comparten a través de innumerables redes. En la mayoría de los casos, el objetivo es la publicidad. Pero en otros, puede tratarse de vigilancia, manipulación o incluso explotación criminal.

Muchas personas creen que usar el "modo incógnito" o la "navegación privada" hace invisible su actividad. Eso es un mito. La navegación privada simplemente evita que el navegador guarde historial y cookies localmente en tu dispositivo. No oculta tu actividad de los sitios web, tu proveedor de internet, tu empleador o entidades gubernamentales. Para lograr verdadera privacidad, necesitas ir más allá.

Comencemos con los modos de navegación privada, ya que muchas personas los utilizan sin comprender completamente su funcionamiento. En navegadores como Google Chrome, Mozilla Firefox, Safari y Microsoft Edge, el modo privado evita que se almacenen cookies, caché e historial en el dispositivo. Es útil cuando utilizas una computadora compartida o inicias sesión en múltiples cuentas, pero no impide rastreadores, scripts de terceros ni huellas digitales del navegador. Piensa en ello como borrar tus huellas de tu propio camino, pero no del entorno que te rodea.

Si deseas reducir el rastreo en línea, considera usar un navegador enfocado en privacidad. Brave, Mozilla Firefox (con configuraciones reforzadas) y Tor Browser son algunas de las mejores opciones.

Brave bloquea anuncios y rastreadores de terceros por defecto, mejora conexiones a HTTPS e incluye protección contra fingerprinting. También ofrece navegación privada integrada con Tor.

Firefox puede personalizarse con extensiones y configuraciones estrictas de rastreo. Es de código abierto, se mantiene activamente y no comparte tus datos con anunciantes.

Tor Browser es considerado el estándar de oro en anonimato. Redirige tu tráfico a través de múltiples servidores voluntarios y cifra cada paso. Aunque es más lento y algunas páginas pueden fallar debido al fuerte bloqueo de privacidad, proporciona un nivel de anonimato muy alto.

Para la mayoría de los usuarios, cambiar de Chrome a Brave o Firefox ya representa una gran mejora sin sacrificar demasiada comodidad.

Ahora hablemos de los motores de búsqueda. Google domina este espacio, pero es conocido por recopilar grandes cantidades de datos. Cada búsqueda queda registrada y vinculada a tu IP, ubicación y perfil. Esa información se utiliza para anuncios personalizados, perfiles de comportamiento e incluso para influir en los resultados que ves.

En lugar de ello, considera motores de búsqueda centrados en privacidad:

DuckDuckGo no rastrea ni almacena tu historial de búsqueda. Los anuncios se basan únicamente en palabras clave.

Startpage utiliza resultados de Google, pero elimina cualquier información identificable antes de enviar tu consulta.

Brave Search ofrece indexación independiente y no rastrea usuarios.

Mojeek es uno de los pocos motores que construye su propio índice y funciona independientemente de Google o Bing.

Cambiar tu motor de búsqueda predeterminado es un paso poderoso para comenzar cada consulta desde una perspectiva de privacidad.

También vale la pena hablar de extensiones del navegador. Estos pequeños complementos pueden mejorar enormemente tu privacidad en línea. Algunas recomendaciones incluyen:

uBlock Origin – bloquea anuncios y rastreadores de manera eficiente.
Privacy Badger – desarrollado por la Electronic Frontier Foundation, aprende y bloquea rastreadores invisibles.
HTTPS Everywhere – fuerza conexiones cifradas siempre que sea posible.
ClearURLs – elimina automáticamente parámetros de rastreo en enlaces.
Decentraleyes – reduce solicitudes externas cargando bibliotecas web localmente.

Estas herramientas funcionan silenciosamente para protegerte de vigilancia y recopilación excesiva de datos.

Otra capa importante es el uso de VPN. Una red privada virtual cifra tu tráfico y oculta tu dirección IP, protegiéndote frente a proveedores de internet y redes Wi-Fi públicas. Algunas VPN confiables incluyen Proton VPN, Mullvad VPN, IVPN y NordVPN.

Si buscas un nivel más alto de privacidad, puedes combinar varias herramientas. Por ejemplo: Firefox con configuraciones estrictas + Startpage + una VPN crea una barrera sólida para navegación diaria.

Otra técnica poco utilizada es el aislamiento de navegadores. Puedes usar distintos navegadores para distintas tareas:

Firefox para redes sociales
Brave para navegación general
Tor para investigaciones sensibles
Un perfil separado para trabajo y otro para vida personal

Esto limita cuánto puede aprender una sola plataforma sobre ti.

También debes considerar el fingerprinting del navegador. Aunque bloquees cookies y ocultes tu IP, los sitios pueden identificarte mediante características técnicas como resolución de pantalla, fuentes instaladas, zona horaria y versión del navegador.

Para reducir este rastreo, puedes usar herramientas como CanvasBlocker, Trace o Tor Browser, que ayudan a aleatorizar o bloquear la huella digital.

Resumen rápido para una navegación más privada:

Usa navegadores enfocados en privacidad como Brave, Firefox o Tor
Cambia a motores de búsqueda privados como DuckDuckGo o Startpage
Instala bloqueadores de rastreo como uBlock Origin y Privacy Badger
Utiliza una VPN en todos tus dispositivos
Desactiva acceso innecesario a ubicación y cámara
Evita iniciar sesión en cuentas cuando no sea necesario
Separa actividades usando distintos navegadores
Mantente atento al fingerprinting y fugas de metadatos

La privacidad en internet no se trata de esconderse por miedo. Se trata de decidir cuándo y cómo quieres ser visto. En el próximo capítulo, profundizaremos en la comunicación privada: cómo proteger mensajes, correos y llamadas de miradas indiscretas.

La historia de Eli

Eli era un hombre tranquilo, ingeniero y trabajador remoto. Le gustaba investigar temas diversos: movimientos políticos, cambio climático, medicina alternativa y criptomonedas. Disfrutaba perderse en investigaciones profundas por internet.

Una noche, después de ver un documental sobre capitalismo de vigilancia, comenzó a investigar cómo Google rastrea usuarios. Lo que descubrió lo inquietó. Su navegador favorito, Chrome, registraba prácticamente todo. Su historial contenía años de preguntas, búsquedas personales y curiosidades olvidadas. Su cuenta de Google estaba sincronizada entre teléfono, laptop y televisor inteligente.

Comprendió que no era solo un usuario. Era un producto.

La gota que colmó el vaso ocurrió cuando buscó síntomas médicos. Durante semanas recibió anuncios relacionados con tratamientos y clínicas. Sentía que sus preocupaciones privadas habían sido vendidas.

Esa misma noche decidió cambiar.

Descargó Brave. La experiencia fue inmediata: menos anuncios, páginas más rápidas, menos distracciones. Luego cambió su motor de búsqueda a DuckDuckGo.

Después abrió la configuración de Chrome y observó lo que estaba almacenado: años de historial, tarjetas guardadas, direcciones y descargas antiguas. Lo eliminó todo. Sintió como si estuviera limpiando una casa llena de polvo acumulado.

Pero fue más lejos.

Instaló uBlock Origin, Privacy Badger y HTTPS Everywhere. Configuró Firefox para tareas personales importantes como banca y trabajo. Usó Brave para búsquedas generales y Tor para temas delicados.

También contrató Mullvad VPN, una VPN que ni siquiera requería correo electrónico para registrarse. Configuró el servicio para iniciarse automáticamente.

Luego descubrió el fingerprinting. Probó su navegador en un sitio llamado "Am I Unique?" y quedó sorprendido: aunque había bloqueado cookies, aún podía ser identificado. Instaló CanvasBlocker y Trace para reducir esa huella.

Al principio parecía exagerado. Pero pronto notó algo: los anuncios dejaron de parecer leer su mente. Los resultados volvieron a sentirse neutrales. Ya no se sentía manipulado.

Un amigo usó su laptop y comentó: "Tu internet parece un pueblo fantasma".

Eli sonrió. “Esa es la idea”.

Meses después dio una charla en una biblioteca local sobre privacidad digital. Mostró dos navegadores lado a lado: uno normal y otro configurado para privacidad. La diferencia era impresionante.

“No tienes que desconectarte del mundo”, dijo. “Solo tienes que dejar de entregar la llave de tu puerta principal”.

Hoy Eli sigue explorando internet, pero bajo sus propias reglas. Entendió que la privacidad no es paranoia; es tranquilidad. Es la libertad de investigar y aprender sin convertirse en un producto.

Capítulo 7: Mensajería, Correo Electrónico y Comunicación Segura

La comunicación privada es uno de los aspectos más críticos —y a menudo más ignorados— de la privacidad en línea. Aunque muchas personas asumen que sus mensajes de texto, correos electrónicos y llamadas son seguros, la realidad es que muchas plataformas populares no fueron diseñadas pensando en la privacidad. Si utilizas servicios convencionales como SMS estándar, Gmail o Facebook Messenger, es posible que tus conversaciones estén siendo analizadas, almacenadas o incluso comercializadas.

Ya sea que hables sobre finanzas, salud, estrategias de negocio o simplemente converses con seres queridos, tienes derecho a la confidencialidad. Proteger tu comunicación no requiere ser experto en ciberseguridad; solo implica usar plataformas que prioricen cifrado, transparencia y control del usuario.

Comencemos con las aplicaciones de mensajería. Los mensajes SMS tradicionales son una de las formas menos seguras de comunicación. No cuentan con cifrado de extremo a extremo, lo que significa que tu operador telefónico —y potencialmente hackers o autoridades— pueden acceder al contenido. Incluso iMessage, aunque cifrado entre dispositivos Apple, puede tener vulnerabilidades si las copias de seguridad en iCloud no están cifradas.

Para una comunicación verdaderamente segura, utiliza aplicaciones con cifrado de extremo a extremo. Algunas de las mejores opciones incluyen:

Signal – Gratuita, de código abierto y ampliamente confiable. Ofrece cifrado completo para mensajes, llamadas, videollamadas y chats grupales. Guarda mínimos metadatos y no almacena contenido.

Telegram (solo "Chats Secretos") – Los chats normales están basados en la nube y no tienen cifrado extremo a extremo. Sin embargo, el modo "Chat Secreto" sí lo ofrece, incluyendo mensajes autodestructivos.

WhatsApp – Incluye cifrado por defecto, aunque comparte ciertos metadatos con Meta.

Threema – Aplicación de pago enfocada en privacidad, con uso anónimo y servidores en Suiza.

Entre todas, Signal suele considerarse el estándar de oro debido a su transparencia y compromiso con la privacidad. También permite mensajes temporales, bloqueos biométricos y respaldos cifrados.

Ahora hablemos del correo electrónico. Servicios tradicionales como Gmail, Yahoo y Outlook son convenientes, pero recopilan datos. Incluso si no leen directamente el contenido, pueden analizar adjuntos, registrar metadatos y utilizar información para personalización.

Para mayor privacidad, considera cambiar a proveedores cifrados como:

ProtonMail – Basado en Suiza, ofrece cifrado extremo a extremo, sin registro de IP y creación anónima de cuentas. También incluye calendario y almacenamiento seguro.

Tutanota – Correo, contactos y calendarios cifrados con políticas estrictas de privacidad.

Mailfence – Suite segura ideal para usuarios empresariales, con firma digital y cifrado.

La mayoría utiliza estándares como PGP para asegurar que solo remitente y receptor puedan leer el contenido.

Puedes mejorar aún más tu privacidad de correo mediante:

Usar alias de correo para ocultar tu dirección real mediante servicios como SimpleLogin o AnonAddy
Evitar revisar correos en Wi-Fi público sin VPN
Activar autenticación de dos factores (2FA)

Evitar correos electrónicos para temas altamente sensibles si Signal es una alternativa viable

Para usuarios de alto riesgo —periodistas, activistas o personas que manejan datos confidenciales— una opción avanzada es usar dominio propio y servidor de correo personalizado.

Pasemos a llamadas y videollamadas. Muchas personas creen que las llamadas son privadas, pero las llamadas telefónicas estándar pueden ser interceptadas. Aplicaciones como Zoom, Skype o FaceTime tienen distintos niveles de seguridad, pero no siempre ofrecen cifrado total.

Alternativas seguras incluyen:

Signal para llamadas privadas por voz y video
Jitsi Meet, plataforma abierta sin necesidad de registro

Ahora hablemos de metadatos. Aunque un mensaje esté cifrado, la información sobre quién contactaste, cuándo y durante cuánto tiempo suele seguir siendo visible. Signal y ProtonMail minimizan esta recopilación, mientras muchas apps populares la almacenan extensamente.

Para reducir exposición de metadatos:

Usa apps con poco registro
Desactiva confirmaciones de lectura e indicadores de escritura

Evita asociar tu número de teléfono si no es necesario
Usa alias de correo y nombres no identificables
Evita sincronizar contactos automáticamente

También es importante controlar cómo se almacenan los mensajes. Muchos creen que borrar un chat elimina el contenido, pero puede seguir existiendo en respaldos o capturas.

Para reducir riesgos:

Activa mensajes temporales en Signal, WhatsApp o Telegram
Desactiva respaldos automáticos o utiliza almacenamiento cifrado
Elimina historiales regularmente
Educa a tus contactos sobre privacidad también

Ten cuidado con los grupos. Si una sola persona tiene malas prácticas de seguridad, todo el grupo puede quedar expuesto.

No olvides los rastreadores de correo electrónico. Muchos boletines contienen píxeles invisibles que informan cuándo abriste un mensaje, desde qué dispositivo y ubicación.

Para bloquearlos:

Usa extensiones como Trocker o uBlock Origin
Desactiva la carga automática de imágenes
Lee correos promocionales en texto plano cuando sea posible

Resumen rápido de comunicación segura:

Usa Signal para mensajes, llamadas y videollamadas
Usa ProtonMail o Tutanota para correos sensibles
Evita SMS y Gmail para asuntos privados o legales
Activa mensajes temporales, bloqueo y 2FA
Desactiva funciones de metadatos innecesarias
Evita Wi-Fi público sin VPN
Minimiza copias de seguridad de conversaciones sensibles

La privacidad en la comunicación no se trata solo de evitar espionaje. Se trata de recuperar intimidad, confianza y autonomía en un mundo que obtiene ganancias de tus conversaciones.

En el próximo capítulo, veremos cómo proteger tu identidad y finanzas frente a fraudes, filtraciones y robo de datos.

La historia de Amira

Amira era consultora freelance y trabajaba con clientes de todo el mundo. Su negocio se apoyaba en Zoom, Gmail, Google

Docs y WhatsApp. La comunicación era el corazón de su trabajo.

Todo cambió cuando recibió un correo extraño de un cliente del Reino Unido. Adjuntaba un contrato que parecía suyo, pero algo no cuadraba. La firma era ligeramente distinta y los datos bancarios habían sido modificados.

Un estafador había intervenido en la conversación.

Revisó su Gmail y descubrió que todos sus correos estaban siendo reenviados a una dirección desconocida. Nunca había activado autenticación de dos factores y utilizaba una contraseña antigua y reutilizada.

Se sintió furiosa y vulnerable.

Comenzó cambiando contraseñas y activando 2FA en todas partes. Luego migró a ProtonMail para comunicaciones sensibles. Avisó a sus clientes que usaría correo cifrado.

Después descargó Signal. Al principio parecía solo otra app, pero pronto se convirtió en su favorita. Convenció a clientes y colaboradores para migrar.

También adoptó Jitsi Meet para videollamadas privadas y configuró dominios personalizados con registros DNS seguros.

Aprendió a identificar phishing, dejó de abrir enlaces sospechosos y comenzó a usar alias de correo para separar vida profesional y marketing.

Una noche observó su nuevo sistema: Signal, ProtonMail, Jitsi y SimpleLogin. Todo organizado, sin anuncios ni rastreadores.

Su perspectiva cambió. La privacidad dejó de ser opcional y pasó a formar parte de su profesionalismo.

Más adelante dio una conferencia titulada "Cómo Comunicarte Sin Ser Rastreado". Enseñó cómo usar cifrado, Signal y correo privado. Muchos asistentes confesaron no saber cuán expuestos estaban.

Hoy Amira trabaja con más clientes que nunca, pero bajo sus propias reglas. Su comunicación es intencional, cifrada y segura.

Porque ahora, cuando presiona "Enviar", sabe exactamente quién recibirá el mensaje... y quién no.

Capítulo 8: Robo de Identidad y Privacidad Financiera

Tu identidad es uno de tus activos más valiosos y, en la era digital, también uno de los más vulnerables. Con solo unos pocos datos —tu nombre, fecha de nacimiento, dirección y número de seguro social— un ciberdelincuente puede solicitar préstamos, abrir tarjetas de crédito, presentar declaraciones fiscales falsas o vaciar tu cuenta bancaria. El robo de identidad afecta a millones de personas cada año y, con frecuencia, pasa desapercibido hasta que ya se ha producido un daño financiero importante.

Aunque la protección total contra el robo de identidad no siempre es posible, puedes convertirte en un objetivo mucho más difícil. Proteger tu privacidad financiera requiere una estrategia en capas que combine seguridad de cuentas, monitoreo proactivo, minimización de datos y hábitos inteligentes.

Comencemos con lo básico: ¿qué es el robo de identidad? Ocurre cuando alguien utiliza tu información personal sin permiso, generalmente con fines financieros. Las formas más comunes incluyen:

Abrir cuentas de crédito a tu nombre

Presentar declaraciones fiscales fraudulentas para reclamar reembolsos

Robar beneficios médicos

Solicitar ayudas gubernamentales

Usar tu información para cometer delitos o evadir a las autoridades

Los ciberdelincuentes obtienen estos datos mediante phishing, filtraciones de datos, malware, robo de correo físico o ingeniería social. Cada vez más, el robo de identidad comienza con información que las personas comparten sin darse cuenta en redes sociales, formularios o sitios inseguros.

Empieza protegiendo tus identificadores sensibles. Tu número de seguro social, fecha de nacimiento y documentos gubernamentales nunca deben introducirse en sitios web no verificados. Evita enviar documentos sensibles por correo electrónico cuando sea posible, especialmente para solicitudes de empleo, préstamos o vivienda. Utiliza servicios de intercambio seguro o archivos cifrados.

Después, enfócate en la seguridad de tus cuentas financieras. Cada cuenta bancaria, tarjeta de crédito o inversión debería tener:

Contraseñas fuertes y únicas

Autenticación de dos factores (2FA)

Alertas de acceso, transacciones y cambios de contraseña

Opciones de recuperación actualizadas

Ten cuidado al conectar tus cuentas financieras con aplicaciones de terceros. Verifica siempre que utilicen cifrado de nivel bancario y políticas claras de privacidad. Cuando tengas dudas, accede directamente desde el sitio oficial o la aplicación de la institución.

Una de las herramientas más poderosas es el monitoreo y congelamiento de crédito. En Estados Unidos, puedes obtener informes gratuitos cada año de las principales agencias: Equifax, Experian y TransUnion mediante AnnualCreditReport.com. Revisa si existen cuentas desconocidas, consultas sospechosas o errores.

Para mayor protección, considera congelar tu crédito. Un congelamiento restringe el acceso a tu historial crediticio, dificultando que alguien abra cuentas nuevas a tu nombre. Puedes descongelarlo temporalmente cuando necesites solicitar crédito legítimamente.

Si no quieres congelarlo, configura alertas de fraude. Estas obligan a los acreedores a verificar tu identidad antes de aprobar nuevas cuentas.

También es recomendable usar herramientas de monitoreo de identidad. Servicios como Aura, IdentityForce o LifeLock supervisan cambios crediticios, filtraciones en la dark web y actividad financiera.

Otro riesgo poco conocido proviene de registros públicos y corredores de datos. Sitios como Spokeo, Whitepages y PeopleFinder recopilan información pública y la venden. Puedes solicitar manualmente la eliminación de tus datos o usar servicios como DeleteMe o PrivacyDuck.

En cuanto a compras en línea, evita ingresar tarjetas de crédito en sitios desconocidos. Busca HTTPS y verifica la reputación del sitio antes de comprar. Considera usar:

Tarjetas virtuales – números temporales que ocultan tu tarjeta real
Métodos de pago protegidos como Apple Pay, Google Pay o PayPal
Tarjetas prepagadas para compras de bajo riesgo

Estos métodos reducen la exposición de tus datos financieros.

Mantente alerta ante phishing. Puede llegar por correo, SMS o llamadas fingiendo ser bancos, agencias fiscales o marcas conocidas. Nunca hagas clic en enlaces sospechosos y visita siempre directamente el sitio oficial.

Una buena práctica es usar correos separados: uno exclusivo para finanzas y otro para registros generales. También puedes usar alias de correo como SimpleLogin.

Si almacenas documentos financieros en la nube, asegúrate de protegerlos. Servicios como Google Drive, Dropbox e iCloud deben estar protegidos con 2FA y cifrado.

¿Y si tu identidad ya fue robada?

Actúa inmediatamente:

Reporta el caso en IdentityTheft.gov
Contacta instituciones afectadas para congelar o cerrar cuentas
Coloca alertas de fraude o congelamientos en todas las agencias de crédito
Presenta denuncia policial si es necesario
Guarda registros de todas tus acciones

El impacto emocional del robo de identidad puede ser profundo. Muchas víctimas sienten vergüenza, enojo o impotencia. Pero la preparación reduce tanto el riesgo como el tiempo de recuperación.

Resumen de tu estrategia de privacidad financiera:

Seguridad de cuentas (contraseñas, 2FA, alertas)
Monitoreo y congelamiento de crédito
Eliminación de datos de corredores de información
Métodos seguros de pago
Conciencia sobre phishing
Almacenamiento cifrado de documentos
Plan de respuesta ante incidentes

En el mundo digital, proteger tu identidad es proteger tu libertad. No se trata de vivir con miedo, sino de vivir preparado.

En el próximo capítulo, exploraremos la privacidad digital para familias y niños, y cómo crear hábitos seguros en casa.

La historia de Thomas

Thomas nunca imaginó que le robarían la identidad antes del desayuno. Todo comenzó a las 6:13 a.m., cuando recibió un mensaje de su banco preguntando si había intentado realizar una transferencia de $4,200.

Aún medio dormido, abrió la aplicación bancaria y descubrió que su cuenta estaba bloqueada.

En pocas horas, descubrió que alguien había abierto una tarjeta de crédito y solicitado un préstamo usando su información. Sus credenciales habían sido obtenidas a partir de una filtración de datos de una tienda donde ni siquiera compraba desde hacía años.

Thomas se sintió invadido. No solo financieramente, sino personalmente.

Siempre pensó que era cuidadoso. No compartía demasiado en línea y evitaba correos sospechosos. Pero ahora entendía que ser cuidadoso no era lo mismo que estar protegido.

Esa noche comenzó a reconstruir su vida digital.

Primero congeló su crédito con Experian, Equifax y TransUnion. Luego obtuvo sus reportes desde AnnualCreditReport.com y detectó múltiples consultas fraudulentas.

Después presentó reportes, cambió contraseñas, activó 2FA y revisó cada cuenta financiera.

También investigó corredores de datos. Descubrió que sitios como Whitepages y Spokeo mostraban su nombre, direcciones anteriores, teléfonos y familiares. Pasó un fin de semana completo eliminando registros.

Comenzó a usar administradores de contraseñas, tarjetas virtuales y correo privado con ProtonMail. Sentía que estaba reemplazando las cerraduras de una casa que había sido vulnerada.

Más tarde asistió a un taller local de ciberseguridad. Descubrió que muchas personas habían sufrido situaciones similares.

"La parte más aterradora", dijo durante una sesión de preguntas, "es que ni siquiera sabía que era vulnerable".

Con el tiempo, Thomas se convirtió en defensor de la privacidad dentro de su círculo. Enseñó a su familia a congelar crédito y proteger cuentas.

Meses después recibió una carta de un banco: la solicitud fraudulenta había sido rechazada por inconsistencias de identidad.

Sonrió. Sus defensas finalmente estaban funcionando.

Thomas nunca olvidó cómo se sintió perder el control. Pero tampoco olvidó lo poderoso que fue recuperarlo.

Para él, la privacidad no se trataba de esconderse. Se trataba de proteger quién era antes de que alguien más intentara apropiarse de ello.

Capítulo 9: Privacidad en Línea para Familias y Niños

En el hogar moderno, la privacidad no es solo una preocupación de los adultos: es un asunto familiar. Los niños crecen en un mundo digital donde sus hábitos, preferencias, voces, imágenes e incluso datos biométricos son recopilados desde edades tempranas. Ya sea a través de aplicaciones educativas, juguetes inteligentes, canales de YouTube o redes sociales, los menores están siendo rastreados constantemente, muchas veces sin comprender los riesgos ni otorgar un consentimiento real.

Como padre, madre o tutor, proteger la privacidad en línea de tus hijos puede parecer una tarea abrumadora. Pero con las herramientas adecuadas, conciencia y límites claros, puedes crear un entorno digital que permita a tus hijos explorar con seguridad mientras mantienes su información lejos de las manos equivocadas.

Empieza comprendiendo el alcance de la recopilación de datos en plataformas infantiles. Muchas aplicaciones y sitios web dirigidos a niños rastrean comportamiento, patrones de uso e incluso pulsaciones del teclado. Algunas recopilan ubicación, grabaciones de voz o acceso a cámara. Aunque leyes como la

Children's Online Privacy Protection Act (COPPA) limitan la recopilación de datos de menores de 13 años en Estados Unidos, la aplicación de estas reglas no siempre es consistente.

Por eso la supervisión parental es esencial. El primer paso es limitar la exposición. Los niños pequeños no deberían tener acceso irrestricto a internet. Utiliza sistemas específicos para menores como Amazon Kids+ (antes FreeTime) o el modo infantil del iPad. Tanto iOS como Android ofrecen controles parentales para restringir descargas, bloquear sitios, controlar tiempo de pantalla y aprobar compras.

Luego revisa cuidadosamente los permisos de aplicaciones. Muchas apps infantiles solicitan acceso innecesario a cámara, micrófono, contactos o ubicación. Pregúntate: ¿realmente una aplicación de colorear necesita GPS? Si la respuesta es no, revoca el permiso o elimina la aplicación.

También es importante hablar con tus hijos sobre huellas digitales. Incluso a edades tempranas pueden comprender conceptos básicos de privacidad. Enséñales a no compartir nombre completo, dirección, escuela o teléfono. Motívalos a acudir a ti si reciben mensajes extraños o encuentran contenido sospechoso.

Las redes sociales añaden otra capa de complejidad. Aunque plataformas como TikTok, Instagram y YouTube establecen edades mínimas, muchos niños ingresan antes. Si tus hijos usan redes sociales, ayúdalos a:

Configurar perfiles privados
Desactivar ubicación
Usar solo nombre o seudónimo
Evitar compartir datos personales
Bloquear mensajes de desconocidos
Limitar quién puede comentar o etiquetarlos

Mejor aún, retrasa el acceso hasta que tengan madurez suficiente para entender el impacto a largo plazo.

Los padres también deben reflexionar sobre su propio comportamiento digital, especialmente con el fenómeno conocido como “sharenting”, es decir, publicar constantemente fotos y detalles de los hijos. Aunque parezca inocente, estas publicaciones suelen revelar cumpleaños, ubicación, rutinas y rostros que pueden ser utilizados por sistemas de reconocimiento facial o actores maliciosos.

Antes de publicar, pregúntate: ¿mi hijo estaría de acuerdo con esto en el futuro?

También puedes proteger a tu familia usando motores de búsqueda diseñados para niños, como Kiddle o KidRex. Elige herramientas educativas transparentes que no dependan de publicidad invasiva.

Instala bloqueadores de anuncios y rastreadores en todos los dispositivos del hogar. Navegadores como Brave o Mozilla Firefox con controles parentales son opciones más seguras que configuraciones predeterminadas.

También puedes usar soluciones como CleanBrowsing o OpenDNS FamilyShield para filtrar contenido a nivel de red doméstica.

Reduce el uso de dispositivos inteligentes como Amazon Alexa, asistentes de voz o juguetes conectados dentro de habitaciones infantiles. Estos dispositivos pueden escuchar constantemente y recopilar datos sin total transparencia.

Educa a tus hijos sobre phishing y engaños. Muchos menores no reconocen sorteos falsos, juegos "gratis" o mensajes diseñados para obtener datos personales.

Una buena idea es crear un plan familiar de privacidad digital, incluyendo reglas como:

No compartir datos personales en línea

Pedir permiso antes de descargar aplicaciones

Consultar antes de responder mensajes de desconocidos

Usar contraseñas fuertes y no compartirlas

Cerrar sesión en dispositivos compartidos

Revisar privacidad regularmente junto con el tiempo de pantalla

Finalmente, predica con el ejemplo. Si quieres que tus hijos valoren la privacidad, muéstrales cómo hacerlo. Permite que te vean revisando configuraciones, rechazando permisos innecesarios o utilizando herramientas cifradas.

En resumen, proteger a niños y familias no consiste únicamente en bloquear sitios. Se trata de construir hábitos duraderos. Ayuda a tus hijos a ser curiosos, creativos y conectados, pero con límites saludables.

En el próximo y último capítulo, uniremos todo para crear un sistema de hábitos de privacidad digital a largo plazo.

La historia de Sofía

Sofía pensaba que era una buena madre. Le encantaba compartir la creatividad de su hija Emma en redes sociales. Publicaba videos divertidos, bailes y manualidades. Amigos y familiares reaccionaban con cariño.

Pero algo cambió.

Emma, con diez años, quería abrir su propia cuenta de TikTok. Sofía aceptó con supervisión.

Al principio todo parecía inocente. Pero un día Sofía leyó comentarios inquietantes: mensajes de adultos disfrazados de jóvenes, preguntas sobre dónde vivía Emma y perfiles sospechosos.

Sintió un nudo en el estómago.

Eliminó el video y luego la cuenta completa. Emma lloró y no entendía por qué.

Esa noche Sofía investigó seguridad digital infantil. Descubrió cómo las aplicaciones recopilan datos, cómo las fotos pueden alimentar reconocimiento facial y cómo depredadores usan información aparentemente inocente.

Al día siguiente comenzó un cambio.

Configuraron nuevamente todos los dispositivos. Desactivaron ubicación, limitaron cámara y micrófono y usaron Google Family Link para aprobar aplicaciones y controlar contenido.

También cambiaron el navegador por Kiddle y crearon un correo compartido sin datos personales.

Sofía revisó sus propias redes sociales. Encontró decenas de fotos escolares, cumpleaños y uniformes con logos visibles. Comprendió que había revelado demasiado.

Comenzó a borrar publicaciones.

También habló con Emma sobre consentimiento digital. Le enseñó que no debía responder a cualquiera y que tenía derecho a decir no.

Con el tiempo, cambiaron hábitos. Crearon fines de semana sin pantallas y comenzaron a usar Signal para comunicación privada.

Emma seguía grabando videos, pero ahora se almacenaban en carpetas privadas compartidas solo con familiares.

En la escuela, Emma comenzó a detectar aplicaciones invasivas y se convirtió en defensora de la privacidad entre sus compañeros.

Meses después, Sofía y Emma organizaron una charla sobre seguridad digital en una biblioteca local. Compartieron su historia con otros padres.

Sofía cerró con una frase sencilla:

“No queremos que nuestros hijos tengan miedo de internet. Queremos que sean conscientes. Y protegerlos no significa decir siempre no, sino enseñar hábitos más inteligentes.”

Hoy Sofía cree que la privacidad es un regalo que se transmite entre generaciones. En su hogar, la seguridad digital dejó de ser una advertencia y se convirtió en un estilo de vida.

Capítulo 10: Construyendo Hábitos de Privacidad para Toda la Vida

A estas alturas, ya has explorado las áreas más importantes de la privacidad en línea: contraseñas, redes sociales, mensajería segura, protección de dispositivos y seguridad financiera. Pero el conocimiento sin acción constante se desvanece. Por eso, este capítulo final se enfoca en transformar tu conciencia en hábitos de privacidad duraderos que evolucionen contigo. En el mundo actual impulsado por datos, la privacidad ya no es una solución única; es una práctica diaria.

Comienza cambiando tu mentalidad. La privacidad no se trata de esconderse, sino de elegir qué compartir, con quién y cuándo. Se trata de establecer límites digitales de la misma manera que estableces límites físicos. No dejarías que un extraño entrara en tu casa sin permiso. Tampoco deberías permitir que empresas desconocidas o actores maliciosos entren libremente en tus datos.

Para mantener privacidad digital a largo plazo, crea un sistema de hábitos mensuales, trimestrales y anuales. Las pequeñas rutinas generan grandes resultados.

Hábitos Mensuales de Privacidad

Revisa configuraciones de dispositivos: verifica permisos de aplicaciones en tu teléfono y computadora. Revoca acceso a cámara, micrófono, ubicación y contactos para aplicaciones innecesarias.

Borra datos de navegación: elimina cookies, caché e historial regularmente. Usa extensiones que bloqueen rastreadores.

Actualiza software: mantén actualizados sistemas operativos, aplicaciones, antivirus y dispositivos inteligentes.

Escanea filtraciones: utiliza herramientas como Have I Been Pwned para revisar si tus cuentas han sido comprometidas.

Activa mensajes temporales: en apps como Signal o WhatsApp.

Monitorea actividad de cuentas: revisa inicios de sesión y dispositivos conectados en servicios importantes.

Hábitos Trimestrales de Privacidad

Audita cuentas online: elimina perfiles y servicios que ya no utilices.

Actualiza contraseñas críticas: especialmente correo, banca y almacenamiento en la nube.

Revisa configuraciones de redes sociales: las plataformas cambian políticas constantemente.

Busca tu nombre en internet: analiza qué información pública existe sobre ti.

Prueba tu huella digital: sitios como amiunique.org o herramientas de la Electronic Frontier Foundation permiten revisar qué tan rastreable eres.

Verifica tu VPN y herramientas: asegúrate de que estén activas y actualizadas.

Hábitos Anuales de Privacidad

Descarga tus datos: plataformas como Google, Facebook y Apple permiten exportar información almacenada.

Congela tu crédito: una de las mejores defensas contra robo de identidad.

Elimina datos de corredores de información: revisa sitios como Whitepages, Spokeo y utiliza servicios como DeleteMe.

Crea un plan de emergencia digital: incluye cuentas importantes, recuperación 2FA y contraseñas almacenadas de forma segura.

Revisa dispositivos inteligentes: asistentes, cámaras y televisores recopilan grandes cantidades de datos.

Reflexiona sobre tus límites digitales: nuevas relaciones, trabajos y hábitos requieren ajustes.

Hábitos Mentales de Largo Plazo

Piensa antes de compartir: pregúntate quién se beneficia de esos datos.

Por defecto, di "no": cuestiona permisos de aplicaciones.

Desconfía de lo gratuito: muchas plataformas monetizan tu información.

Evita priorizar comodidad sobre seguridad.

Mantente informado: amenazas y herramientas evolucionan rápidamente.

Recuerda que la privacidad no es absoluta. No necesitas desaparecer del mundo digital para recuperar control. Incluso algunos cambios estratégicos te vuelven más difícil de rastrear y explotar.

Por encima de todo, la privacidad es una forma de respeto: hacia ti, tu familia, tus límites y tu futuro. Hazla parte de tu identidad.

En la historia final veremos cómo una familia transformó completamente su vida al adoptar un estilo de privacidad primero.

La historia de Marcus y Angela

Durante años, Marcus y Angela vivieron como muchas familias modernas: conectados, cómodos y sin saber realmente cuán expuestos estaban. Entre televisores inteligentes, tablets escolares, banca online y servicios de streaming, su vida digital estaba llena de contraseñas y asistentes de voz.

Todo cambió cuando una amiga sufrió robo de identidad. Pasó meses intentando recuperar cuentas, préstamos y perfiles falsificados.

Angela pensó: “Eso podría pasarnos a nosotros”.

Decidieron cambiar, no como una limpieza puntual, sino como un nuevo estilo de vida.

Marcus compró un administrador de contraseñas. Cambió todas las claves reutilizadas por combinaciones únicas. Angela creó una carpeta familiar cifrada con documentos y códigos de recuperación.

También establecieron recordatorios:

Una vez al mes: revisar permisos
Cada trimestre: revisar crédito
Cada año: actualizar privacidad social

Lo llamaron "El Plan de Limpieza Digital".

Sus hijos, de 9 y 13 años, al principio protestaron. Pero Marcus lo convirtió en un juego: "Puntos de Privacidad". Cada decisión segura sumaba puntos.

Los niños comenzaron a competir para ver quién detectaba más rastreadores o eliminaba más aplicaciones innecesarias.

Angela fue más allá. Eliminó información de corredores de datos, canceló boletines y dejó de usar su nombre real en ciertos correos. Incluso eliminó su cuenta de Facebook.

La privacidad se convirtió en un valor familiar.

En las cenas hablaban de "victorias digitales". Los niños aprendieron que la confianza en aplicaciones debía ganarse.

Migraron de Chrome a Brave, de Gmail a ProtonMail y comenzaron a usar Signal para mensajes.

Incluso apagaban el televisor inteligente cuando no lo usaban.

Un fin de semana organizaron un “fuerte de privacidad”: revisaron todos los dispositivos y eliminaron cuentas viejas.

Seis meses después, algo cambió.

Menos anuncios. Menos ruido. Menos llamadas spam. Más tranquilidad.

Angela dijo: “No sabía cuánto espacio mental ocupaba todo ese ruido digital”.

Un día, su hija escribió en una tarea escolar:

“Mi familia valora la honestidad, la amabilidad y la privacidad”.

Angela se emocionó. Habían creado una cultura.

Marcus fue invitado a hablar en su empresa durante un evento de bienestar digital. Cerró su presentación con una frase:

“La privacidad no es algo que compras. Es algo que construyes. Un hábito a la vez”.

Hoy siguen con sus revisiones mensuales, auditorías trimestrales y ajustes anuales. Siguen usando internet, viendo películas y navegando.

Pero ahora lo hacen conscientemente.

Y duermen mucho mejor por ello.

El Poder de Elegir en un Mundo Vigilado

Vivimos en una era de acceso sin precedentes. Podemos enviar mensajes a amigos en cualquier parte del mundo en segundos, aprender cualquier cosa con una sola búsqueda, ver películas bajo demanda y automatizar nuestros hogares con una palabra. Pero con cada nueva función llega un nuevo intercambio. La comodidad se ha infiltrado en cada rincón de la vida, muchas veces a costa de nuestra privacidad personal.

La verdad es que la mayoría de las personas nunca eligió conscientemente entregar sus datos. Simplemente ocurrió. Un rápido "Aceptar" en los términos y condiciones. Una contraseña guardada aquí, un calendario sincronizado allá. Y antes de darse cuenta, las empresas sabían más sobre ellas de lo que ellas mismas sabían.

Pero, ¿qué pasaría si pudiéramos cambiar eso?

Este libro nunca tuvo la intención de asustarte para que te desconectaras ni hacerte sentir culpable por hábitos del pasado. Fue diseñado para empoderarte. Porque la privacidad no se trata de paranoia; se trata de poder. Se trata de recuperar tu capacidad para moverte por el mundo digital bajo tus propios términos. Se trata de entender la diferencia entre ser el producto y ser el cliente. Entre el consumo pasivo y la elección consciente.

Lo que has aprendido a lo largo de estos diez capítulos no es solo una lista de tareas: es una mentalidad. Ahora sabes cómo crear contraseñas fuertes y por qué son importantes. Entiendes que la navegación privada no es realmente privada y que la mensajería cifrada ya no es solo para denunciantes o programadores: es para todos. Has visto cómo el robo de identidad puede destruir una vida, cómo los niños son rastreados silenciosamente por aplicaciones aparentemente inofensivas y cómo las redes sociales, sin control, pueden convertir tu vida en un libro abierto escrito para beneficio de otros.

Pero, aún más importante, has visto cómo personas comunes —padres, freelancers, estudiantes y familias— pueden cambiar el rumbo. Has comprobado que recuperar el control de tu privacidad es posible, realista y profundamente gratificante. Has visto que no necesitas desaparecer del mundo digital. Solo necesitas pensar antes de hacer clic. Revisar antes de aceptar. Preguntar antes de permitir.

Y quizá ese sea el mayor cambio de todos: comprender que la privacidad ya no es algo garantizado. Es algo que debes elegir, una y otra vez.

Esto no significa vivir con miedo. Significa adoptar la conciencia. Así como no dejarías tu casa abierta ni entregarías tu billetera a un desconocido, tampoco deberías dejar tus datos completamente expuestos a entidades que no han ganado tu confianza. Tienes derecho a establecer límites, incluso en el mundo digital. Especialmente allí.

De ahora en adelante, tu práctica de privacidad no será perfecta. Y eso está bien. Habrá errores. Olvidarás actualizar una contraseña, pasarás por alto una configuración o descargarás una aplicación que sabe más de lo que debería. Pero la diferencia es que ahora lo notarás. Sabrás cómo responder. Y seguirás mejorando.

Porque la privacidad no es un destino. Es un camino. Un estilo de vida. Una forma de respeto digital hacia ti mismo.

Entonces, ¿qué sigue?

Tal vez revises tus contraseñas. Tal vez enseñes a tu hijo a detectar una estafa. Tal vez descargues Signal, cambies tu motor de búsqueda o elimines una cuenta que ya no necesitas. Empieza donde puedas. Empieza poco a poco. Pero empieza.

Y cuando lo hagas, formarás parte de un movimiento global en crecimiento: uno donde los ciudadanos, y no las corporaciones, deciden las reglas. Uno donde la tecnología sirve a las personas, y no al revés. Uno donde no eres solo un usuario, sino también el protector de tu propio espacio digital.

No necesitas permiso para proteger tu privacidad. Solo necesitas la voluntad.

Elígela. Practícala. Compártela.

Y nunca olvides: en un mundo que obtiene ganancias de tu exposición, tu privacidad es un acto de resistencia y una declaración de libertad.

www.ingramcontent.com/pod-product-compliance
Lightning Source LLC
LaVergne TN
LVHW022013200926
848481LV00007B/2366
9798295847769